NOTICE

SUR LES ANTIQUITÉS DE CORRE,

PAR M. EUSÈBE SALVERTE.

EXTRAIT

Des Mémoires et fragmens d'archéologie, publiés par Séb. BOTTIN, en octobre 1829.

PARIS, IMPRIMERIE DE GAULTIER-LAGUIONIE.

NOTICE *sur les antiquités de* Corre, *par M. Eusèbe Salverte.*

Le village de Corre (1), situé sur la rive droite du Côney, au-dessus du confluent de cette rivière et de la Saône, renferme des antiquités moins connues qu'elles ne méritent de l'être. On ne les a encore qu'indiquées à l'attention de la Société des Antiquaires de France (2). Elles ont fourni, en 1824, à feu M. Humblot, médecin et membre de la Société d'agriculture du département de la Haute-Saône, le sujet d'un mémoire qui prouve beaucoup d'érudition et d'esprit. Malheureusement les descriptions de M. Humblot sont peu fidèles, et les dessins dont il les accompagne, encore moins exacts: il a restauré ou défiguré les objets, pour les présenter tels que les lui faisait voir son imagination.

C'est donc avec réserve que, dans ce document resté manuscrit, j'ai puisé quelques traits pour rendre mon propre travail moins incomplet. Mes descriptions auront principalement pour bases les observations que j'ai faites moi-même au mois de septembre 1826, et les renseignemens qu'ont bien voulu me fournir les habitans de Corre, et particulièrement

(1) Corre : canton de Jussey, arrondissement de Vesoul, département de la Haute-Saône.

(2) *Mémoires de la Société des Antiquaires de France*, tome III, pages 20 et 21.

M. Bruillard, propriétaire, dont l'obligeance égale la modestie.

L'agrément de la situation de Corre, et son importance pour le commerce, ne pouvaient échapper à l'attention des Romains. Suivant Humblot, dont les recherches méritent d'être connues lors même qu'elles ne seraient pas exemptes d'erreurs, Corre était le point de réunion de trois voies romaines dont, en beaucoup d'endroits, les vestiges sont reconnaissables.

La première se dirige vers le nord. A *Escle*, où elle passe, on a découvert deux lions sans tête, et une tête d'homme : ces trois objets sont en pierre du pays, et d'une proportion colossale. Plus loin, à *La Mercy*, on a rencontré diverses antiquités : on peut suivre cette voie jusqu'à *Châtel-sur-Moselle*, d'où probablement elle se prolongeait jusqu'à Trèves.

Les deux autres voies traversaient le Côney sur un pont dont on aperçoit, sous l'eau, les pilotis et quelques débris.

L'une se dirige vers l'est, conduit à Luxeuil, traverse l'Ognon aux environs de *Lure*, et se prolonge jusqu'à *Mandeure*, station romaine, autrefois célèbre, et qui recèle de nombreuses antiquités. La dernière voie se dirige au midi : on en suit les vestiges jusqu'à *Cussey*, où elle traversait l'Ognon sur un pont dont il subsiste des restes ; puis jusqu'à Besançon. Dans le voisinage de Jussey, sur un point où cette route est bien conservée, il en sort un embranchement qui se prolonge directement vers Langres, et où l'on remarque une borne milliaire marquée d'un X, et des pierres destinées à servir de *montoirs*.

Cet embranchement est traversé lui-même par une voie romaine, dont Humblot paraît avoir le premier signalé l'existence, et qui se dirige de Jussey à Morey. On sait que les Romains avaient à Morey un camp retranché permanent; une tradition constante assure qu'il en existait un semblable à Jussey : il est certain que, dans l'un et l'autre endroit, on a recueilli un grand nombre de médailles romaines.

Le sol de Corre n'est pas moins riche en antiquités de ce genre. On en a retiré beaucoup de médailles des empereurs, depuis Néron jusqu'à Marc - Aurèle. Dans le nombre était un Othon en grand bronze, d'une belle conservation. Je n'ai pu savoir en quelles mains est tombée cette médaille, unique, si elle est de bronze romain, et très rare encore, si elle a été frappée à Antioche (1).

On déterre tous les jours des fragmens de tuiles, dont l'épaisseur et les dimensions attestent l'origine ; quelques unes portent sur leurs bords un dessin régulier et remarquable.

Je dois à l'obligeance de M. Bruillard un petit bronze trouvé non loin du Côney, en février 1828. C'est une tête, ou plutôt un masque creux, de 32 millimètres de longueur. Le nez aplati, les oreilles redressées le long des tempes, en forme d'oreilles de

____

(1) Eckel, renouvelant l'opinion soutenue et ensuite abandonnée par H. T. Chifflet, prononce que tous les *Othons* en bronze sont des pièces fausses. Le savant Mongez (*Encyclopédie méthodique, Antiquités*, art. OTHON) admet l'existence de médailles d'*Othon* en bronze frappées à Antioche : il en cite même une qui fait partie de la collection du Cabinet des Antiques, à Paris.

chèvre, caractérisent la figure d'un faune ou d'un satyre. Une cavité ronde, pratiquée sous la lèvre supérieure, et terminée par l'abaissement de la lèvre inférieure qui se perd dans l'épaisseur de la barbe, semble indiquer un masque comique.

Les Romains avaient aussi enrichi le pays d'un aquéduc souterrain, dont, en 1823, on a reconnu les restes sur la rive droite du Cóney, à une demi-lieue de Corre. Non loin de là, les fouilles firent découvrir des étriers d'une forme singulière, et un objet que Humblot a cru être une dent d'éléphant. Que sont devenues ces antiquités? Personne n'a pu me l'apprendre; on n'a d'ailleurs donné aucune suite à la découverte de l'aquéduc. Si des cercueils trouvés en très grand nombre dans le voisinage ont attiré plus d'attention, c'est que les cultivateurs s'en servent volontiers en place d'auges, pour abreuver les bestiaux. Ces cercueils sont en grès ou pierre de sable. Ils se rétrécissent à l'une de leurs extrémités, et portent chacun un couvercle en pierre qui s'y adapte exactement. Ils ne présentent ni sculptures ni inscriptions. Nous rappellerons, en passant, que l'on a découvert, il y a quarante ans, près du hameau de Lyons, dépendant de Romilly sur Seine (1), plusieurs cercueils de pierre, absolument semblables à ceux que nous venons de décrire.

Sur la voie qui se dirige vers le nord, on a exhumé

____

(1) Arrondissement de Nogent-sur-Seine, département de l'Aube. En 1823, on en a découvert de semblables, en craie, près de Joigny, département de l'Yonne (*Mémoires de la Société des Antiquaires de France*, tom. VII, pag. 21.)

une pierre sépulcrale, portant cette inscription, en partie fruste :

D.   M.

Tiberi. .

Masc. . .

ano as (1)

Cette pierre fait partie de la collection de M. Bruillard, qui a donné l'exemple, à Corre, de réunir et de préserver de la destruction les nombreux restes d'antiquité que l'on y découvrait.

On voit aussi chez lui, 1° une tête d'homme, coiffée à la romaine, assez belle, mais défigurée ; 2° un bloc formant une niche peu profonde, surmontée d'un tympan triangulaire. Dans la niche est sculptée, en ronde-bosse, une figure, petite nature, vue de face, jusqu'au dessous des épaules, vêtue d'une espèce de froc ; la tête presque absolument saillante porte des cheveux très courts. Dans le tympan, sur une ligne qui suit extérieurement la courbure de la niche, on lit :

ADITI EDTOSTIAAI. .

Ces deux monumens sont d'une pierre rougeâtre dont on ne connaît point de carrière dans le pays. De la même pierre est un beau torse nu, portant une bandelette de droite à gauche. Sur l'épaule gauche, on reconnaît une portion de la chevelure flot-

____

(1) Entre l'O et l'A de la dernière ligne, Humblot a cru voir une lettre semblable à un *lambda* minuscule retourné.

tante qui ornait la tête : ce signe semble caractériser une statue de Bacchus ou d'Apollon.

Vers le milieu du dernier siècle, on découvrit une statue de femme en marbre blanc, bien conservée, très belle et absolument nue. Des habitans de Corre se souviennent que leurs parens l'ont vue autrefois. Mais le curé de Corre ne tarda pas à la faire briser comme un objet scandaleux : il n'en conserva que la partie de l'abdomen, qu'il fit creuser en bénitier. On voit ce bénitier dans l'église du village. Ses dimensions indiquent que la statue était de proportion colossale.

M. Bruillard a conservé une pierre de 44 centimètres de haut, 44 de large et 76 de long : sa base est ciselée, sa face supérieure est creusée en bassin, avec une entaille en forme de rigole. On croit que c'était un autel : on n'y voit aucune inscription.

On avait trouvé à Corre un autre autel d'un mètre et demi de long, sur un mètre de large. Il était percé, au milieu, d'une ouverture large de quatre décimètres et longue de cinq. Ce morceau curieux a disparu depuis que Humblot l'a décrit : il a sans doute été employé dans quelque bâtisse. Deux tronçons de colonnes ont eu un sort semblable ; ils n'offraient, dit-on, qu'un travail grossier.

Le même malheur n'a pas encore atteint une frise dont la sculpture représente des raisins, et un chapiteau d'ordre composite, de grande proportion, portant sur chacune de ses faces une tête humaine sortant du milieu de feuilles d'acanthe. Deux des têtes subsistent : on reconnaît la place qu'ont dû occuper les deux autres.

Ces objets sont beaux : ils méritent d'être conservés.
On doit aussi préserver de la destruction le tronçon
d'une colonne de petite proportion, portée sur une
base attique : autour du fût monte une vigne chargée
de raisins, sculptée avec assez de légèreté et d'élégance.

Ce tronçon, et tous les monumens dont il nous
reste à parler, sont en pierre de sable, sorte de grès
commun dans le pays.

Nous citerons d'abord trois bas-reliefs :

1° Une tête de femme dont la physionomie est
riante ; 2° une figure d'homme vue à mi-corps ; la
main gauche élève un grand pli d'étoffe à la hauteur
de l'œil gauche ; 3° trois têtes vues de face, placées
sur la même ligne ; l'une est âgée et barbue ; la seconde est celle d'une jeune femme ; la dernière celle
d'un jeune homme imberbe.

Cette disposition, où semblent réunis un père, son
fils et sa fille ou sa femme, se retrouve dans un mo-
nument funéraire, formé d'un seul bloc oblong, d'environ 2 mètres de hauteur. Dans la partie supérieure
est creusée une niche semi-circulaire, où sont placées
les trois têtes ; la tête de femme est ornée de trois
bandelettes. Sur la partie inférieure est sculpté un
cippe funéraire entre deux patères. Dans la partie
moyenne, on lit cette inscription (1).

D. M.

MONIMEN AMA

HI SIMVL CARAIAXO

RAMANDINI FIL CVRA

AAANO LIII.

(1) Humblot lit, à la troisième ligne, EI au lieu de III.., et à la
cinquième, RAANO LXII.

Ces divers objets font partie de la collection de M. Bruillard, ainsi qu'un bloc creusé en niche, d'où ressort, avec une saillie de près de vingt-huit centimètres, une tête de femme, coiffée avec beaucoup de cheveux qui forment par derrière une touffe en forme de limaçon. Cette coiffure rappelle celle qui distingue, dans les médailles, la tête de Faustine, épouse de Marc-Aurèle.

Dans une niche semblable, nous avons remarqué la figure en ronde bosse d'un enfant : au-dessus de la tête est une inscription, écrite sur une ligne courbe.

O. RAMIOP...

Sans nous arrêter à une statue d'enfant, cassée à la moitié du corps, ou à quelques fragmens peu remarquables, hâtons-nous de décrire des monumens d'un genre très singulier. Que l'on se représente des blocs de pierre de deux mètres de long, sur une largeur qui varie de sept décimètres jusqu'à un mètre et davantage ; leur hauteur est au moins de cinq décimètres. Ils sont creusés plus ou moins profondément en forme d'auge oblongue, que surmonte un fronton plein, formant un triangle légèrement tronqué au sommet de l'angle supérieur. Ces monumens, dont on a trouvé un grand nombre, sont, pour la plupart, endommagés ; mais il en subsiste deux dans un bel état de conservation.

Dans chacune de ces auges ou niches, on voit sculptées, en ronde bosse, tantôt une seule figure et tantôt deux, debout, et vêtues d'une tunique gauloise. S'il n'y a qu'une figure, elle élève de la main gauche et presse contre sa poitrine une coupe en forme de calice; à la main droite est suspendu par une anse, un panier ou coffre conique, la pointe tournée en bas, ou bien une sorte de seau ou de réchaud. Quand il y a deux figures, la première joint sa main droite à la main gauche de l'autre, et semble l'aider à soutenir la coupe; et de la main gauche, elle supporte, comme la seconde de la main droite, le seau ou le panier conique; on en remarque une qui porte une bourse (1).

Quel que soit le sexe ou l'âge des figures, toutes sont ornées de ces attributs. Il est probable que toutes aussi étaient accompagnées d'inscriptions. On en lit sur les deux monumens les mieux conservés.

Dans le premier, la figure est celle d'un jeune homme. Sa main gauche soutient la coupe sur sa poitrine; à sa main droite est suspendu le panier conique. On lit dans le tympan :

L.

SOLINI CESTI.

Les lettres D. M. sont à droite et à gauche sur les bords de l'auge.

La figure du second est celle d'une jeune femme,

---

(1) M. C. X. Girault (*Mémoires de la Société des Antiquaires de France*, tome II, pages 358-367) nous apprend que, parmi les fragmens de sculpture antique découverts à Dijon, l'on distingue souvent des personnages tenant en leurs mains des *bourses* et des *gobelets*. Il ajoute (pag. 365) que des gobelets de la *même forme* se remarquent entre les mains de certains personnages de la Table Isiaque. Ceux-ci sont absolument semblables à nos gobelets communs, et les figures qui les portent semblent les offrir à d'autres

pressant sur sa poitrine la coupe, et tenant le seau ou réchaud. Sous ses pieds est cette inscription (1) :

D. M.
MEM. DRILE. CVCVMILE FILIE.

Dans le tympan sont sculptées deux petites figures dont les bras et les jambes sont extrêmement grêles, et la tête plus grosse que le corps. Entre elles est une cuve, dans laquelle ces hommes ou ces monstres semblent piler quelque chose. Au sommet du fronton, j'ai remarqué une rainure droite qui a pu servir à supporter quelque ornement métallique.

Cette observation induit à croire que les monumens étaient dressés de manière à montrer la figure debout, et non pas couchée. Il semble même qu'ils devaient être isolés, en sorte qu'on en pût voir les quatre faces, puisqu'on a trouvé plus d'une fois sur le revers de l'auge, une guirlande de palmettes. Les faces latérales

figures : la coupe sculptée sur les monumens de Corre a constamment la forme d'un calice, et elle est toujours pressée sur la poitrine du personnage qui la tient. M. Girault explique par une conjecture ingénieuse l'emploi du *gobelet* dans les monumens ; il ne dit rien de la *bourse* : nous n'avons vu à Corre qu'une seule figure décorée de ce dernier attribut.

Au nombre des Antiquités découvertes à Scarponne (Charpagne), département de la Meurthe, sont des pierres sépulcrales ornées de figures sculptées. Presque toutes les figures tiennent de la main droite une bourse, et de la gauche une bouteille. On en distingue deux qui tiennent une sorte de gobelet ou de vase, et une qui porte une corbeille. (*Mémoires de la Société des Antiquaires de France,* tom. VIII, pag. 199-206.)

(1) A la seconde ligne, Humblot lit, mais, je crois, à tort, MEMORIAE... ; il est certain que le sixième caractère est peu reconnaissable, mais *mem.* doit être pour *memoriae.*

n'étaient pas non plus dépourvues d'ornemens. On en voit une sur laquelle est sculpté un vase, d'où s'élève une forte palme surmontée d'une fleur. Sur d'autres étaient des figures d'enfans. M. Bruillard possède une de ces figures dont le corps bien formé et nullement endommagé ne porte le signe d'aucun sexe. Cette singularité est d'autant plus remarquable que de deux autres figures dont l'existence m'a été attestée par des hommes dignes de foi, l'une représentait un jeune garçon absolument nu; ses jambes croisées faisaient ressortir des parties sexuelles très marquées. Sur l'autre, dont il ne subsistait que la moitié inférieure, et que Humblot a dessinée, était sculptée une jeune fille, les jambes croisées, et montrant avec une sorte d'affectation, ce que l'art a toujours su dérober aux yeux dans les nudités de la sculpture antique.

Il n'est pas impossible qu'une attitude semblable ait motivé la destruction de la statue de marbre blanc, dont il ne subsiste qu'un fragment transformé en bénitier : la tradition assure que l'indécence de cette image décida son arrêt.

Le même motif a pu faire disparaître les deux autres sculptures dont je viens de parler. Mais malheureusement, on n'a pas eu besoin de recourir à un prétexte si plausible pour ravir aux curieux la connaissance du plus grand nombre de ces monumens. Ceux que l'on a voulu conserver ont été (à l'exception d'un seul) encastrés dans des murs qui n'en laissent voir que la face la moins endommagée. Le plus grand nombre a péri sous le marteau des tailleurs de pierres.

Leur perte n'est pas irréparable. Presque tous ces monumens ont été trouvés dans la plaine qui borne le village vers le sud, entre la Saône et le Côney, et à deux cents mètres environ au-dessus du confluent des deux rivières. Tous étaient enfouis, entassés pêle mêle sous les fondations d'un couvent qui n'existe plus. Humblot conjecture, et avec vraisemblance, que sur le terrain que le couvent occupait, s'éleva jadis un temple. L'imagination se plaît à replacer dans les avenues du temple, de nombreux monumens, dressés sur leurs bases, couronnés d'ornemens métalliques, offrant sur leurs faces extérieures des sculptures emblématiques, et dans leur intérieur la représentation de personnages chéris ou célèbres. La terre doit en recéler encore un grand nombre. Les fouilles ont été faites avec peu d'activité, une somme trop faïble ayant été allouée pour subvenir aux frais de cette opération. Un champ assez étendu n'a point encore été exploré, parce que le propriétaire ne voulait point y consentir. Il paraît que l'on est parvenu enfin à vaincre sa répugnance, et que de nouvelles fouilles seront exécutées dans le courant de l'automne. On peut espérer qu'elles seront fructueuses, et que l'on recouvrera dans leur intégrité quelques uns de ces monumens où la religion et les habitudes locales se trouvent combinées, d'une manière peu commune, avec les usages romains et l'emploi de la langue latine.

Peut-être aussi obtiendra-t-on quelques données sur l'époque de leur érection. Quant à présent, on peut seulement présumer que, postérieurs à la conquête et à l'établissement des Romains, ils sont antérieurs à l'introduction du christianisme : sur aucun l'on n'a trouvé de signes qui rappellassent la nouvelle religion. Le travail, sans appartenir aux beaux temps de l'art, n'est pas absolument à dédaigner. Les fautes qui paraissent exister dans les inscriptions, et qui en rendent l'explication difficile, indiquent seulement des ouvriers peu familiers avec la langue qu'ils voulaient écrire, et il s'en trouvait de tels, dès le siècle d'Auguste, dans toutes les provinces de l'empire romain.

EusÈbe SALVERTE.